# Themenhefte Philosophie
## Glück und gutes Leben

*Eva Fritsch | Claudia Lemke | Markus Tiedemann (Hrsg.)*

Verlag an der Ruhr

# Impressum

**Titel**
*Themenhefte Philosophie* – Glück und gutes Leben

**Autorinnen**
Eva Fritsch, Claudia Lemke

**Herausgeber**
Markus Tiedemann

**Lektorat**
Dr. Bettina Kratz-Ritter

**Titelbildmotiv**
© pollography | Fotolia.com

**Bildnachweis Innenteil**
S. 5 o. © AntonioDiaz | Fotolia.com; m. + u. © Eva Fritsch; S. 7 © VG Bild-Kunst, Bonn 2014; S. 8 © nazmt | Fotolia.com; S. 9 © Eva Fritsch; S. 10 © Astrochemist | Wikimedia.org; S. 11 © Julia Lutz; S. 12 © Eva Fritsch; S. 13 © dpa-Fotoreport; S. 16 © Aptyp_koK | Fotolia.com; S. 17 © Burkert Bareiss Development & ophir film GmbH/Volker Roloff; S. 18 von links oben: © Ziablik | Fotolia.com, Kurt F. | pixelio.de, Bombaert Patrick| pixelio.de; S. 18 von links unten: stoupa | Fotolia.com, Mirko Meier | Fotolia.com; S. 20 © VOA | Wikimedia.org; S. 21 © Paul König/Georg Olms Verlag AG; S. 23 © Eva Fritsch; S. 24 © Eva Fritsch; S. 25 o. © sumnersgraphicsinc | Fotolia.com, u. © pressmaster | Fotolia.com; S. 27 © Marie-Lan Nguyen | Wikimedia.org; S. 30 © Ferdinand Schmutzer | Wikimedia.org; S. 32 © Eva Fritsch; S. 33 © auremar | Fotolia.com; S. 34 © Eva Fritsch; S. 36 © Henry William Pickersgill | Wikimedia.org; S. 37 o. © Arman Zhenikeyev | Fotolia.com, u. © Ben de Biel; S. 38 © Eva Fritsch S. 40 © Eva Fritsch/Claudia Lemke

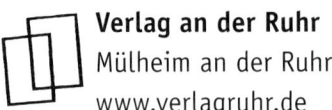

Verlag an der Ruhr
Mülheim an der Ruhr
www.verlagruhr.de

**Geeignet für die Klassen 7–8**

**Unser Beitrag zum Umweltschutz:**
Wir sind seit 2008 ein ÖKOPROFIT®-Betrieb und setzen uns damit aktiv für den Umweltschutz ein. Das ÖKOPROFIT®-Projekt unterstützt Betriebe dabei, die Umwelt durch nachhaltiges Wirtschaften zu entlasten. Unsere Produkte sind grundsätzlich auf chlorfrei gebleichtes und nach Umweltschutzstandards zertifiziertes Papier gedruckt.

**Urheberrechtlicher Hinweis:**
Das Werk und seine Teile sind urheberrechtlich geschützt. Jede Verwendung in anderen als den gesetzlich zugelassenen Fällen bedarf der vorherigen schriftlichen Einwilligung des Verlages. Im Werk vorhandene Kopiervorlagen dürfen vervielfältigt werden, allerdings nur für jeden Schüler der eigenen Klasse/des eigenen Kurses. Die dazu notwendigen Informationen (Buchtitel, Verlag und Autor) haben wir für Sie als Service bereits mit eingedruckt. Diese Angaben dürfen weder verändert noch entfernt werden. Die Weitergabe von Kopiervorlagen oder Kopien (auch von Ihnen veränderte) an Kollegen, Eltern oder Schüler anderer Klassen/Kurse ist nicht gestattet.
Der Verlag untersagt ausdrücklich das Herstellen von digitalen Kopien, das digitale Speichern und Zurverfügungstellen dieser Materialien in Netzwerken (das gilt auch für Intranets von Schulen und sonstigen Bildungseinrichtungen), per E-Mail, Internet oder sonstigen elektronischen Medien außerhalb der gesetzlichen Grenzen. Kein Verleih. Keine gewerbliche Nutzung. Zuwiderhandlungen werden zivil- und strafrechtlich verfolgt.
Bitte beachten Sie die Informationen unter www.schulbuchkopie.de.

Trotz sorgfältiger inhaltlicher Kontrolle kann keine Haftung für die Inhalte externer Seiten, auf die mittels eines Links verwiesen wird, übernommen werden. Für den Inhalt der verlinkten Seiten sind ausschließlich deren Betreiber verantwortlich.

**© Verlag an der Ruhr 2014**
**ISBN 978-3-8346-2630-1**

**Printed in Germany**

# Inhaltsverzeichnis

Einführung für Lehrer . . . . . . . . . . . . . . . . . . . . . . . . . . . . . . . . . . . . . . . . . . . . .4

**Glückserfahrungen** . . . . . . . . . . . . . . . . . . . . . . . . . . . . . . . . . . . . . . . . . . . .5
   Wo entdeckt man das Glück? . . . . . . . . . . . . . . . . . . . . . . . . . . . . . . . . . . . .5
   Glücksvorstellungen . . . . . . . . . . . . . . . . . . . . . . . . . . . . . . . . . . . . . . . . . . .6
   Ganz von Sinnen: Verliebtsein und Glück . . . . . . . . . . . . . . . . . . . . . . . . . . .7
   Natur und Glück . . . . . . . . . . . . . . . . . . . . . . . . . . . . . . . . . . . . . . . . . . . . . .8
   Was macht Menschen glücklich? Der Glücksfächer . . . . . . . . . . . . . . . . . . .9
   Glück in schwerer Zeit: Liebe in Freiheit . . . . . . . . . . . . . . . . . . . . . . . . . . .10
   Glück in schwerer Zeit: Liebe im Exil . . . . . . . . . . . . . . . . . . . . . . . . . . . . .11

**Glücklichsein und Glück haben** . . . . . . . . . . . . . . . . . . . . . . . . . . . . . . . .12
   Zur Unterscheidung . . . . . . . . . . . . . . . . . . . . . . . . . . . . . . . . . . . . . . . . . . 12
   Glück im Film . . . . . . . . . . . . . . . . . . . . . . . . . . . . . . . . . . . . . . . . . . . . . . .13
   Beschreibungen und Definitionen zum Glücklichsein . . . . . . . . . . . . . . . . 15
   Vom Zufall des Glücks . . . . . . . . . . . . . . . . . . . . . . . . . . . . . . . . . . . . . . . .16
   Dem Glück auf die Sprünge helfen . . . . . . . . . . . . . . . . . . . . . . . . . . . . . .17
   Was bringen Glücksbringer? . . . . . . . . . . . . . . . . . . . . . . . . . . . . . . . . . . .18

**Glück, was ist das? Glück als das höchste Gut** . . . . . . . . . . . . . . . . . . . .19
   Vom Schmieden des eigenen Glücks . . . . . . . . . . . . . . . . . . . . . . . . . . . . .19
   Der Schlüssel zum Glück . . . . . . . . . . . . . . . . . . . . . . . . . . . . . . . . . . . . . .20
   Kann ein „Glücksgetränk" glücklich machen? . . . . . . . . . . . . . . . . . . . . . .21
   Findet mich das Glück? . . . . . . . . . . . . . . . . . . . . . . . . . . . . . . . . . . . . . . .22
   Glück und Poesie . . . . . . . . . . . . . . . . . . . . . . . . . . . . . . . . . . . . . . . . . . . .23

**Wie wird man glücklich?** . . . . . . . . . . . . . . . . . . . . . . . . . . . . . . . . . . . . .24
   Projekt Glückszeitung . . . . . . . . . . . . . . . . . . . . . . . . . . . . . . . . . . . . . . . .24
   Glück und Sport . . . . . . . . . . . . . . . . . . . . . . . . . . . . . . . . . . . . . . . . . . . .25
   Aristoteles und das Glück . . . . . . . . . . . . . . . . . . . . . . . . . . . . . . . . . . . . .26
   Epikur: Lustmanagement . . . . . . . . . . . . . . . . . . . . . . . . . . . . . . . . . . . . .27
   Sinnfindung nach Frankl . . . . . . . . . . . . . . . . . . . . . . . . . . . . . . . . . . . . . .28
   Sinn und Sinnesverlust . . . . . . . . . . . . . . . . . . . . . . . . . . . . . . . . . . . . . . .29

**Der Mensch und das Glück. Sinn und Unsinn** . . . . . . . . . . . . . . . . . . . .30
   Ist dauerhaftes Glück möglich? . . . . . . . . . . . . . . . . . . . . . . . . . . . . . . . . .30
   Was soll der Unsinn? . . . . . . . . . . . . . . . . . . . . . . . . . . . . . . . . . . . . . . . . .31
   Kann Unsinniges glücklich machen? . . . . . . . . . . . . . . . . . . . . . . . . . . . . .32
   Ohrenschmaus und Glücksgefühle . . . . . . . . . . . . . . . . . . . . . . . . . . . . . .33
   Wörtersinn und -unsinn: Das „Wortfindungsamt" . . . . . . . . . . . . . . . . . . .34

**Sollte das (persönliche) Glück der höchste Wert sein?** . . . . . . . . . . . . .35
   Egoismus: Mein Glück zuerst! . . . . . . . . . . . . . . . . . . . . . . . . . . . . . . . . . .35
   Das Glück der Anderen: Der Nutzenansatz . . . . . . . . . . . . . . . . . . . . . . . .36
   Auf die Ohren: Rücksichtsloser Rap . . . . . . . . . . . . . . . . . . . . . . . . . . . . .37
   Schau mir in die Augen! . . . . . . . . . . . . . . . . . . . . . . . . . . . . . . . . . . . . . .38

**Medientipps** . . . . . . . . . . . . . . . . . . . . . . . . . . . . . . . . . . . . . . . . . . . . . . .39

# Einführung für Lehrer*

*Was ist der Mensch?*

*Was will er sein?*

*Wann ist der Mensch glücklich?*

*Wann empfindet der Mensch
sein Leben als sinnvoll?*

Der Mensch als ein Wesen, das nach Glück strebt, wie auch immer dieses definiert sein mag, kann dies weder allein, noch ohne eine bestimmte innere Haltung erreichen, so die These vieler Philosophen. Die Fragen, Texte und Aufgabenstellungen, die wir in diesem Band versammeln (vornehmlich für Sekundarstufe I, speziell die Jahrgänge 7/8) führen auf Themenkomplexe von Glück im Kontext von Sinn und Unsinn. Sinn macht Glück zum Beispiel deshalb, weil wir in dem Bemühen, glücklich mit anderen zusammenzuleben, auch bemüht sind, moralische Regeln einzuhalten und uns „gut zu benehmen". Die hier gesammelten Materialien dienen in erster Linie als Anregung zum eigenen Philosophieren. Der erste und zweite Teil dieses Hefts bieten einführend unterrichtliche Zugänge zum Thema „Glück". Unter den Bereich „Glückserfahrungen" fallen die vielfältigen medialen Aufbereitungen von Glücksdarstellungen in Text, Bild und Film, auch die von Schülern.

In der Philosophie wird der Kontext von Glück und Sinn weitgehend akzeptiert, aber die dialektische Sicht auf den Zusammenhang von Glücklichsein und Unglücklichsein wird ebenfalls unterbreitet, beispielsweise von Wilhelm Schmid. Inwiefern kann es philosophisch problematisch werden, wenn ein Mensch sein Lebensziel nur dem Glücklichsein verschreibt? Welche Probleme können daraus für die Gesellschaft und den Einzelnen entstehen? Und ist es nicht zu einseitig, Glück nur in Richtung Sinnbildung zu verstehen? Wir wollen Wege aufzeigen, wie Sinniges, aber auch scheinbar Unsinniges zum Lebensglück des Einzelnen beitragen kann.

Im ersten Kapitel lassen wir unterschiedliche Glückserfahrungen von Philosophen und anderen Mediatoren zu Wort kommen.

Sodann wird Glück unter der gängigen Unterscheidung von „Glücklichsein" und „Glück haben" behandelt. Die folgenden zwei Kapitel gehen der Frage, was Glück ist und wie man glücklich wird, konkret nach. Das Kapitel: „Der Mensch und das Glück. Sinn und Unsinn" lenkt das Augenmerk auf jene Prozesse, die Sinnstrukturen aufbrechen, hinterfragen, unterwandern und somit neuen Sinn produzieren. Hier geht es auch um den Zusammenhang von Unsinn und Glück. Im abschließenden Kapitel stellen wir die Frage, ob das (persönliche) Glück wirklich als höchster Wert taugt. Dieses Kapitel endet offen mit einer Versuchsanordnung, die zu einer kontemplativen Haltung einlädt.

---

\* *Aus Gründen der besseren Lesbarkeit haben wir in diesem Buch durchgehend die männliche Form verwendet. Natürlich sind damit auch immer Frauen und Mädchen gemeint, also Lehrerinnen, Schülerinnen etc.*

*Glückserfahrungen*
# Wo entdeckt man das Glück?

a) Eine Kellnerin serviert Kaffee

b) Schülerinnen entwerfen Verpackungsmaterial

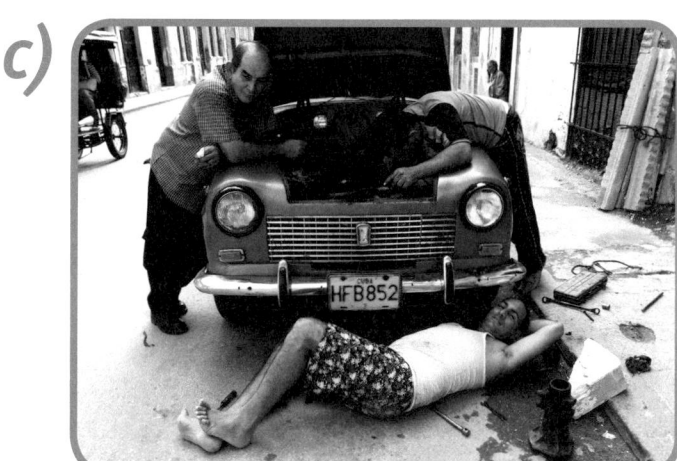
c) Kubaner reparieren ein Auto in Havanna

**Aufgaben:**

1. Schaut euch die Fotos auf diesem Arbeitsblatt an und stellt in der Klasse Vermutungen an: Welche Menschen auf den Fotos wirken glücklich, welche eher nicht?

2. Begründet eure Vermutungen.

*Glückserfahrungen*
# Glücksvorstellungen

Bei der Fragestellung, was Glück ist, stellen sich ganz unterschiedliche Glücksauffassungen ein. Das, was Menschen als Glück erfahren haben, ist ausschlaggebend für ihre jeweiligen Vorstellungen darüber, was Glück beinhaltet.

Gibt es eine Glücksauffassung, die für alle Menschen gleichermaßen gilt?
Oder ist Glück für jeden Menschen etwas anderes? Und was sagen Philosophen dazu? Unter den berühmten griechischen Philosophen der Antike dachten einige schon rund 400 Jahre vor Christus darüber nach, welchen Stellenwert das Glück im menschlichen Leben hat.

Platon und Aristoteles hatten diesbezüglich unterschiedliche Ansichten: Während Aristoteles die Glückseligkeit als höchstes Gut des Menschen und als Selbstgenügsamkeit bezeichnete, besteht für Platon das Glück in der Harmonie der drei Seelenteile: Wille, Vernunft und Begehren. Nur wenn sich diese im Gleichgewicht befinden, ist der Mensch glücklich.

Auch in der östlichen Philosophie sah man im Glück die besonderen Momente des Lebens. So spricht Laotse beispielsweise folgenden Vergleich aus:

**Aufgaben:**

1. Stelle schriftlich dar, wie sich Laotses Vergleich zwischen Glück und Glockenklang auf menschliche Glückserfahrungen beziehen lässt.

2. Überlege, ob dich etwas, das sich „festhalten lässt", glücklich macht.

3. Welche Dinge fallen dir ein, die sich nicht „festhalten" lassen? Hat etwas davon mit Glück zu tun?

4. Diskutiert in der Klasse, ob es eurer Meinung nach kulturelle Unterschiede in der Art und Weise gibt, wie Kinder Glück erfahren.

> » *Das Glück ist wie der Klang der Glocke:*
> *Erlebe es unmittelbar und lasse zu, wie es leise ausklingt.*
> *Versuche nicht, es festzuhalten, nicht im Geist und nicht mit Händen.*
> *Was sich festhalten lässt, ist nicht das Glück.* «

*Zitat*

Studien besagen, dass Kinder beispielsweise in Deutschland, obwohl sie erfolgreich sind, dennoch nicht besonders glücklich sind. Wir nehmen unter allen von Unicef untersuchten Ländern nur den 22. Platz ein, hinter den Niederlanden, Griechenland und Slowenien.
Woran könnte das liegen?

*Glückserfahrungen*
# Ganz von Sinnen: Verliebtsein und Glück

**Conrad Felixmüller: Liebespaar im Regen.**
Kunstsammlungen Chemnitz-Museum Gunzenhauser. © VG Bild-Kunst, Bonn 2014

Aufgaben:

1. Bei Verliebten sagt man oft, sie seien „ganz von Sinnen". Überlegt zu zweit, was das heißen könnte.

2. Schaue dir das Bild von Conrad Felixmüller an und schreibe Stichwörter auf, die dir zu den Themen „von Sinnen sein" und „Liebe" einfallen.

3. Recherchiert als Arbeitsgruppe im Internet, wie man eine Bildbeschreibung anfertigt, und formuliert dann eine schriftliche Bildbeschreibung des Bildes „Liebespaar im Regen".

*Glückserfahrungen*
# Natur und Glück

**Bei uns sind die meisten Schwäne weiß. Hier ein schöner schwarzer Schwan.**

Einen schwarzen Schwan zu sehen, ist relativ selten möglich, da bei uns die meisten Schwäne weiß sind. Umso schöner ist es, wenn man einen solch schönen schwarzen Schwan, wie hier auf dem Foto, in Einklang mit der Natur erlebt.

### Aufgaben:

1. **Beschreibe, ob und inwiefern Schwäne „glücklich" sein können?**
2. **Stelle dar, welche Wirkung das Foto bekäme mit dem Untertitel: „Schwarzes Schaf".**
3. **Gehe am Wochenende mit deinen Geschwistern, Freunden oder Eltern hinaus in die Natur und halte deine Erlebnisse fest. Fertige anschließend daraus ein Natur-Foto-Gedankenbuch.**

*Glückserfahrungen*
# Was macht Menschen glücklich? Der Glücksfächer

Glücksfächer

### Aufgaben:

1. Fertigt aus bunter Pappe in Partnerarbeit einen Glücksfächer und schreibt die für euch wichtigsten „Glücksmacher" darauf. Verwendet dabei dicke Filzstifte.

2. Hängt eure Glücksfächer an eine Stellwand und vergleicht die unterschiedlichen oder auch ähnlichen Inhalte.

3. Schaut euch in Gruppen die von den anderen Mitschülern fertiggestellten Glücksfächer an und vergleicht diese mit euren. Wo sind Ähnlichkeiten, Gemeinsamkeiten, Unterschiede?

## Info

**Glücksfächer:**

*Idee von Barbara Brüning:*
**Fragen an die Welt**, Arbeitsheft 5/6.
Landesausgabe Sachsen, Militzke, 4. Auflage, 2010, S. 60
ISBN 978-3-86189-311-0

Weitere Anregungen unter ARD-Themenwoche Glück:
www.rbb-online.de/schulstunde-glueck/galerie/galerie-des-geschenkten-gluecks.html

*Glückserfahrungen*
# Glück in schwerer Zeit: Liebe in Freiheit

## Jean-Paul Sartre und Simone de Beauvoir

Jean-Paul Sartre (1905–1980) vertrat den Existenzialismus in der Philosophie und verfasste zahlreiche Werke, die internationalen Ruhm erlangten. In seinen Werken „Das Sein und das Nichts" und „Der Existentialismus ist ein Humanismus und andere philosophische Essays" beschrieb er:

*Zitat*

》 *Der Mensch ist zur Freiheit verurteilt.* 《

Seine Freundin Simone de Beauvoir lernte Sartre 1929 in Paris kennen und lieben. Beide studierten damals an der Pariser Sorbonne und waren schriftstellerisch tätig. Simone de Beauvoir wurde berühmt für ihre Mitbegründung der Emanzipationsbewegung. In ihrem Buch „Das andere Geschlecht" (1949) beschrieb sie, wie sich Mann und Frau angeblich unterscheiden – nach Festlegung durch den Mann. Mit ihren Werken wollte sie den Frauen Mut machen, sich nicht auf eine bestimmte Rolle festlegen zu lassen.

Sartre und Beauvoir trafen sich im Hotel, schrieben im Café und lebten nie in einer Wohnung zusammen, sondern besuchten sich gegenseitig.

### Aufgaben:

1. Diskutiert miteinander in der Klasse: Was fällt euch alles zum Thema „Freiheit" ein?

2. Überlegt, welche Situationen zu Sartres oben genannter Aussage passen.

3. Wie stellt ihr euch das Leben zwischen einem Philosophen und seiner Frau, die Schriftstellerin ist, vor? Stellt in Gruppen Szenen im Alltag nach.

**Grabmahl Sartres und Beauvoirs auf dem Friedhof Montparnasse in Paris**

*Glückserfahrungen*
# Glück in schwerer Zeit: Liebe im Exil

## Lion (1884–1958) und Marta Feuchtwanger (1881–1978)

Nach ihrer Flucht aus Nazi-Deutschland kauften die Feuchtwangers 1943 in Amerika die Villa Aurora und richteten sie nach ihren Vorstellungen ein. Nach kurzer Zeit wurde diese zu einem bekannten Treffpunkt: Thomas Mann nannte die Villa Aurora „ein wahres Schloss am Meer". In den 1940er- und 1950er-Jahren wurde sie zu einem Begegnungszentrum für Exilanten, Künstler und Intellektuelle, zu einer Stätte des Austauschs zwischen europäischer und amerikanischer Kultur.

Thomas und Katia Mann wohnten in der Nachbarschaft. Neben ihnen besuchten auch das Ehepaar Mahler und Max Reinhardt, Fritz Lang und Heinrich Mann die Villa Aurora. Im großen Salon fanden Lesungen und Musikabende statt. So etablierte sich die Villa als einzigartiges Kulturdenkmal des deutschen Exils in Kalifornien und machte Pacific Palisades zur Hauptstadt der deutschen Exilszene. Die Regisseure Fritz Lang, Billy Wilder, Douglas Sirk, Fred Zinnemann und Otto Preminger machten hier genauso Karriere wir Robert Siodmak und die Komponisten Ernst Toch und Friedrich Holländer. Georg Kreisler berichtete, dass viele schimpften, sie müssten jetzt in einem Sonnengefängnis leben. Und Brecht klagte, es gebe nur Bäume und Hügel, aber keinen Arzt und keinen Apotheker.

Die Kultur der privaten Einladungen wurde zur sozial notwendigen Existenzform. Neben Tennisspielen oder Swimmingpoolbelagerung gab es eine bestimmte Form der beliebten Scharaden, die nur „The Game" genannt wurde.

1942 machte Hanns Eisler hier Brecht und Schönberg miteinander bekannt. So fanden die aus Deutschland vertriebenen Film- und Theaterschaffenden wieder Arbeit in der boomenden Filmmetropole L.A. und Hollywood.

Ludwig Marcuse nannte Marta die liebenswürdigste Gastgeberin, die viele der inzwischen in Los Angelos lebenden Emigranten bei Lesungen bewirtete. Auf der Terrasse stehen noch heute die Stühle, in denen Prominente wie z. B. Brecht, oft gesessen haben.

30 Jahre waren die Feuchtwangers bei ihrer Ankunft in Los Angelos nun schon verheiratet und verlebten hier trotz des Exils eine sehr glückliche Zeit miteinander.

### Aufgaben:

1. **Recherchiert in Partnerarbeit die Biografien von Marta und Lion Feuchtwanger.**

2. **Informiert euch im Internet über die Gäste der Villa Aurora. Welchen Berufen gingen die oben erwähnten Exilanten nach?**

3. **Überlegt in Gruppen, welche Besonderheiten und Herausforderungen eine „Liebe im Exil" mit sich bringt. Fertigt dazu eine Mindmap an.**

4. **Gestaltet euren Klassenraum um und bereitet eine Lesung vor, z. B. mit Ausschnitten aus Werken von Lion Feuchtwanger („Exil").**

5. **Informiere dich über die Musik der oben aufgeführten Komponisten.**

*Glücklichsein und Glück haben*
# Zur Unterscheidung

In der Philosophie unterscheidet man grundsätzlich zwei Bedeutungen von Glück.
1. Glück haben
2. glücklich sein

Im Englischen beispielsweise steht „luck" für Glück haben und „happiness" für glücklich sein. Während Menschen mehr oder weniger aus Zufall Glück haben können, hängt der Zustand des „Glücklichseins" meistens von einem inneren Gefühl ab. Jeder Mensch kann den Weg zu diesem Gefühl beeinflussen, aber wie? Oft ist schon die Grundeinstellung, mit der man an die Dinge und Menschen herangeht, entscheidend für aufkommende Glücksgefühle.

**Sommerfest**

## *Was heißt Glück haben eigentlich?*
## *Wann hat man Glück?*
## *Wie fühlt sich das an?*

**Nina bei der Modenschau (mit selbstgemachtem Kleid)**

### Aufgaben:

1. Worin könnte das „Glückhaben" in den Bildern oben bestehen? Tauscht euch in der Klasse aus.

2. Wie könnten sich die Menschen in den Bildern gerade fühlen? Sammelt die Gefühle, die ihr vermutet, an der Tafel.

3. Wann habt ihr mal richtig Glück gehabt? Spürt der Erinnerung nach und versucht, dafür einen Ausdruck zu finden: mimisch, gestisch, in einem Laut oder noch anders.

4. Sind eure eigenen Gefühle schon an der Tafel festgehalten? Findet es heraus und ergänzt gegebenenfalls.

5. Ist jemand, der Glück gehabt hat, auch glücklich?

*Glücklichsein und Glück haben*
# Glück im Film 1/2

Filmstill aus dem Film: „Lola rennt"

## Material

- Film:
  **Lola rennt**
  (D 1997, R: Tom Tykwer)
- Buch:
  *Karla Schneider*
  **Glückskind**
  dtv, 2007

## Aufgaben:

1. Sichtet den Film „Lola rennt" in zwei Lerngruppen unter unterschiedlichen Fragestellungen:
   a) Die eine Lerngruppe soll den Mitschülern den Bezug des Films zu dem Thema Glück vorstellen und sich überlegen, welche Ausschnitte sie dazu heranziehen möchte.
   b) Die andere Lerngruppe sichtet den Film zum Thema Pech und bereitet entsprechende Filmausschnitte vor, z. B. um den Weg vom Pech zum Glück zu verdeutlichen.

   Beide Gruppen können mit dem Arbeitsblatt S. 14 zur Filmanalyse arbeiten, um später darstellen zu können, wie filmisch erzählt wird. Sucht Filmstills im Internet für die Einstellungsgrößen im Arbeitsblatt Filmanalyse.
   Präsentiert als Expertengruppe für „Lola rennt" eure Ergebnisse und Filmausschnitte in einer Unterrichtsstunde.

2. Vergleicht anschließend die unterschiedlichen Glückskonzeptionen des Films „Lola rennt" und des Buches „Glückskind" miteinander. Lest dazu den Anfang von „Glückskind" bis zu der Stelle, als die Fee alle Geschenke an die Schüler verteilt hat. Schreibt eine Fortsetzungsgeschichte.

*Glücklichsein und Glück haben*
# Glück im Film 2/2

## Arbeitsblatt Filmanalyse

### Was ist Filmanalyse und wozu dient diese Methode?

» Geschichten kann man nicht nur mit Worten, sondern auch mit Bildern erzählen.

» Du lernst die Sprache des Films zu beschreiben und erkennst die Wirkung.

» Du lernst, wie Bild, Ton und Musik auf dich wirken.

### So gehst du vor:

1. **Untersuchung des Inhalts**
   a) Was wird erzählt? – Handlung, Probleme, Themen
   b) Wer sind Haupt- und Nebenfiguren? – Figuren, Beziehungen, Erzähler
   c) Wo und wann wird erzählt? – Schauplätze und Zeit
   d) Wie wirkt der Film auf dich und was sagt er dir? – Aussage und Wirkung

2. **Untersuchung der Form**
   a) **Einstellungsgrößen:**

| Bezeichnung | Totale | Halbnah | Nah | Detail |
|---|---|---|---|---|
| Beschreibung | Ganze Figuren in ihrer Umgebung | Figuren vom Knie an aufwärts | Figuren von Kopf bis Oberkörper | Ausschnitt groß dargestellt |
| Wirkung | Überblick über Raum und Figuren | Erkennbare Mimik und Gestik im räumlichen Umfeld | Gefühlsregungen in Mimik und Gestik im Mittelpunkt | Vermittelt extreme Nähe |

   b) **Kameraperspektiven:**

| Bezeichnung | Untersicht | Normalsicht | Aufsicht |
|---|---|---|---|
| Beschreibung | Kamera blickt von unten auf Figuren/Gegenstände. | Kamera auf Augenhöhe | Kamera blickt von oben auf Figuren/Gegenstände. |
| Wirkung | Figur wirkt bedrohlich oder überlegen. | Figuren und Betrachter sind gleichberechtigt. | Figuren wirken unterlegen. |

   c) **Musik und Geräusche:**
   Musik beeinflusst unser Empfinden und unterstreicht Stimmungen. Werden bestimmte Filmfiguren von einer eigenen Melodie begleitet, spricht man von Leitmotiven. Mit Geräuschen kann man Dinge lebendig machen, die nicht im Bild zu sehen sind. Man muss einen wütenden Hund nicht sehen, es genügt, ihn knurren zu hören, um die Angst einer Filmfigur zu verstehen.
   Geräusche und Musik unterstützen die atmosphärische Qualität eines Filmbildes.

*(Quelle:* **Methodenblatt der Arbeitsgruppe Kathrin Budde, Maya Möhlmann, Eva Fritsch, Eric Willems**, Gymnasium Othmarschen, Hamburg)

*Glücklichsein und Glück haben*

# Beschreibungen und Definitionen zum Glücklichsein

Definitionen, Erläuterungen und Anmerkungen zum Glück finden sich bei Philosophen und Schriftstellern, im Fernsehen, in Frauenzeitschriften, Männermagazinen oder im so genannten „Volksmund". Hier sind einige Zitate:

*Zitate*

> *Viele Menschen wissen, dass sie unglücklich sind. Aber noch mehr Menschen wissen nicht, dass sie glücklich sind.*
> Albert Schweitzer (1875–1965) Arzt, Theologe und Philosoph

> *Die Glücklichen sind die Neugierigen.*
> Friedrich Nietzsche (1844–1900), Philosoph

> *Glück liegt nicht darin, dass man tut, was man mag, sondern mag, was man tut.*
> Sir James Matthew Barrie (1860–1937), schottischer Schriftsteller

> *Glück ist Selbstgenügsamkeit.*
> Aristoteles (384–322 v. Chr.), griechischer Philosoph

> *Glück entsteht oft durch Aufmerksamkeit in kleinen Dingen, Unglück oft durch Vernachlässigung kleiner Dinge.*
> Wilhelm Busch (1832–1908), deutscher Dichter, Zeichner, Maler

> *Alles im Leben gibt kund, dass das irdische Glück bestimmt ist, vereitelt oder als eine Illusion erkannt zu werden.*
> Arthur Schopenhauer, deutscher Philosoph (1788–1860)

> *Das Glück ist mit Müdigkeit und Muskelkater billig erkauft.*
> Leo Tolstoi, Tagebücher, russischer Schriftsteller (1828–1910)

> *Das Gipfelglück ist nur ein Wunsch der Untengebliebenen.*
> Reinhold Messner, Extrembergsteiger (*1944)

**Aufgaben:**

1. Wähle ein Zitat aus, das dich besonders interessiert. Begründet eure Auswahl.

2. Diskutiert in der Klasse Aussagen über das Glück. Beurteilt anschließend, ob die Aussagen der Denker mit euren eigenen Erfahrungen übereinstimmen. Fertigt dazu eine Tabelle an, in der ihr Übereinstimmungen und Nichtübereinstimmungen kenntlich macht.

3. Kennt ihr ähnliche Sprüche, die kurz zusammenfassen, was Glück ist oder wie Glücklichsein funktioniert? Legt eine Sammlung an. Sucht noch mehr Zitate, z. B. unter: www.gluecksarchiv.de

4. Halte eine Woche lang in deinem Arbeitsheft deine glücklichen Momente fest.

*Glücklichsein und Glück haben*
# Vom Zufall des Glücks

*Wilhelm Schmid schreibt zum Unglücklichsein:*

*Zitat*

» Glück ist zuallererst Zufallsglück. Menschen brauchen sehr viel davon im Leben. Jeder, der auf sein bisheriges Leben zurückblickt, bemerkt, dass bei vielen Weichenstellungen unwahrscheinliche Zufälle im Spiel waren. Das war schon bei der Zeugung so und bleibt vermutlich so bis zuletzt. Das ganze Leben hindurch sind Menschen auf Zufälle angewiesen, die günstig für sie ausfallen, zufällige Begegnungen beispielsweise, die ihnen weiterhelfen. Aber sie müssen damit leben, dass sich das Zufallsglück nicht herbeizaubern lässt, sondern so kommt, wie es kommt. Wenn es kommt.

Zufall ist, was einem zufällt, woher auch immer, günstig oder ungünstig. Frühere Zeiten waren vorsichtig genug, mit beidem zu rechnen, denn es ist ausgeschlossen, dass Zufälle immer nur günstig sein können. Die Wahrscheinlichkeit ungünstiger Zufälle lässt sich durch Vorsorge abmildern, aber nicht aufheben. Das deutsche Wort „Glück", das aus dem mittelalterlichen gelücke hervorging, bezeichnete ursprünglich den zufälligen Ausgang einer Angelegenheit im günstigen wie ungünstigen Sinne. In älteren Kulturen wurde die Zufälligkeit des Glücks in diesem doppelten Sinne als Göttin verehrt und gefürchtet: Tyche im Griechischen, Fortuna im Lateinischen. So konnten Menschen beides auf einen göttlichen Ursprung zurückführen und beides gleichmütig hinnehmen. Moderne Menschen hingegen erkennen nur den günstigen Zufall als Glück an. Sollte das Zufallsglück ausbleiben, ist das ärgerlich und enttäuschend und ein Grund fürs Unglücklichsein. «

(Quelle: *Wilhelm Schmid*: **Unglücklichsein. Eine Ermutigung**, Insel, 2012, S. 15–16)

Tyche (Fortuna) trägt ein Horn bei sich, das den Reichtum der Welt bezeichnet. Wenn sie will, schüttet sie den Menschen aus diesem Horn Gutes zu, so der Mythos.

### Aufgaben:

1. Was heißt für dich Zufall? Welche Rolle hat der Zufall in deinem Leben schon gespielt? Denke nach und mache dir Notizen dazu.

2. Wilhelm Schmid unterscheidet in seinem Text oben zwischen den Ansichten vom Zufallsglück früher, in älteren Kulturen und jetzt („moderne Menschen"). Beschreibe diesen Unterschied.

3. Diskutiert in der Klasse, welche Rolle für euch der unglückliche Zufall spielt.

4. Beschreibe, wie sich die bildlichen Tyche-Darstellungen unterscheiden können.

*Glücklichsein und Glück haben*
# Dem Glück auf die Sprünge helfen

In dem Film „Der Mann, der über Autos sprang" glaubt ein junger Mann ganz fest daran, durch sein eigenes Handeln das Zufallsglück beeinflussen zu können. Der Vater seines Freundes ist krank, und er ist überzeugt, dass er gesund werden wird, wenn er es schafft über ein fahrendes Auto zu springen und einen langen Weg zu wandern.

Robert Stadlober in seiner Rolle als Julian:
„Der Mann, der über Autos sprang"

### Aufgaben:

1. Hast du schon einmal versucht, dem Glück auf die Sprünge zu helfen?
2. Kann man Zufallsglück beeinflussen?
3. Tauscht euch miteinander aus:
   Was haltet ihr für Zufall, was für Schicksal?
4. Beschreibe die Kameraeinstellungen in der Szene, bevor die Filmfigur Julian über das Auto springt. Was wird dort gezeigt und wie?
   (Vgl. Arbeitsblatt Filmanalyse, S. 14)
5. In welchem Zusammenhang steht die Filmsprache (Form) mit dem Inhalt der Szene?

*Glücklichsein und Glück haben*
# Was bringen Glücksbringer?

Glücksbringer sind Gegenstände, die Glück bringen oder Unglück fernhalten sollen.
Im Laufe der Zeit wurden viele unterschiedliche Dinge an den unterschiedlichsten Orten der Welt als Glücksbringer eingesetzt:

Es gibt aber auch ganz persönliche Dinge, die als Glücksbringer aufbewahrt oder getragen werden können: Eine Glasperle, einst von einer Sandkastenfreundin geschenkt, die Uhr des Großvaters oder anderes.

## Aufgaben:

1. Schaut euch die Bilder an und diskutiert miteinander, welche der Glücksbringer ihr kennt. Wo habt ihr sie schon einmal gesehen?

2. Bringt eure ganz persönlichen Glücksbringer zur nächsten Stunde mit und präsentiert dazu eure Geschichte vor der Klasse: Habt ihr überhaupt Glücksbringer? Wie haben sie geholfen? Was ist ihre Geschichte?

3. Tauscht euch zu zweit aus, wer einen Glücksbringer hat und wie er aussieht.

4. Schreibe einen Dialog zwischen einem Menschen, der an Glücksbringer glaubt, und einem, der das nicht tut.

5. Lest eure Dialoge in der Klasse vor. Lasst die Mitschüler Partei ergreifen, wessen Argumente überzeugender sind.

6. Überlegt gemeinsam, woher der Spruch kommen könnte, dass Scherben Glück bringen. Befragt dazu eure Lehrer und Eltern.

*Glück, was ist das? Glück als höchstes Gut*
# Vom Schmieden des eigenen Glücks

> „Jeder ist seines Glückes Schmied" ...

... heißt es im sogenannten Volksmund. Diese Einschätzung vom Menschen, der in der Lage ist, sein Glück selbst zu erzeugen, ist zwiespältig. Sie überlässt uns, unabhängig vom Zufallsglück, die alleinige Verantwortung für ein glückliches Leben.

In folgendem Text wird dieser Spruch ironisch gewendet:

### Zitat

» Der Mensch ist von Haus aus ein Pechvogel. Das Einzige, was dabei herauskommt, wenn man sich bemüht, seines eigenen Glückes Schmied zu sein: Der Hammer fällt einem auf den linken Fuß, während man versucht, sein Gleichgewicht zu halten, nachdem man sich den großen rechten Zeh am Amboss gestoßen hat und auf einem Bein durch die Schmiede hüpft. (Nicht zu vergessen, dass man sich wahrscheinlich spätestens dann die fuchtelnde Hand am Schmiedefeuer verbrennt. Aber ich will ja nicht unken.) „Du hast kein Pech", wollen uns die Glücksterroristen auf dem Fernsehbildschirm weismachen. „In Wahrheit hast du eigentlich sogar Glück. Du bist lediglich zu dumm, zu ignorant, zu eingebildet, um es zu erkennen!" Das bedeutet also: Normale Pechvögel wie Sie und ich sind selbst schuld, wenn sie nicht glücklich sind. Glücksbücher sind so etwas Ähnliches wie Gehirnwäsche für Fortgeschrittene: Man schiebt eine nicht unerhebliche Summe über den Ladentisch, nur um zu lernen, dass schwarz eigentlich weiß ist und nass eigentlich trocken. «

(Quelle: *Joachim Graf*: **Erst hat man kein Glück und dann kommt auch noch Pech dazu**, Heyne, 2010, S. 13–14)

### Aufgaben:

1. Ist der Mensch ein „Pechvogel" oder ein „Glücksschmied"? Findet in der Klasse Argumente für beide Positionen und diskutiert.

2. Kann man Glücklichsein lernen? Tauscht euch aus.

3. Kennt ihr Bücher, in denen es um das Glücklichsein geht? Was haltet ihr von der These, Glücksbücher seien „Gehirnwäsche für Fortgeschrittene"?

*Glück, was ist das? Glück als höchstes Gut*
# Der Schlüssel zum Glück

**Der Dalai Lama bei einem Vortrag**

Der Dalai Lama ist ein bedeutender Repräsentant des Buddhismus. Auch in der westlichen Welt genießt er Promistatus: Barack Obama, Angela Merkel, und viele andere Staatschefs, aber auch berühmte Schauspieler ließen sich mit ihm ablichten und stärkten so seinen Ruf als weiser Mann von Weltrang. Es gibt viele Bücher, die der Dalai Lama (zum Teil zusammen mit anderen Autoren) geschrieben hat. Dabei geht es stets um die Frage des guten Lebens. In einem davon heißt es:

- Das Ziel des Lebens ist Glück.
- Glück wird mehr durch den geistigen Zustand bestimmt als durch äußere Bedingungen, Umstände oder Ereignisse, zumindest wenn die Grundbedürfnisse für das Überleben befriedigt sind.
- Glück kann durch die systematische Schulung unseres Herzens und unseres Geistes erreicht werden, indem wir unsere Einstellungen und unsere Ansichten modifizieren.
- Der Schlüssel zum Glück liegt in unseren Händen.

(Quelle: *Dalai Lama/Howard C. Cutler:* **Glücksregeln für den Alltag.** Herder, 2004, S. 7)

### Aufgaben:

1. Versucht, die Aussagen des Dalai Lama in eigenen Worten wiederzugeben.
2. Was haltet ihr von den Thesen des Dalai Lama? Tauscht euch aus.
3. Was könnte ein ‚geistiger Zustand' sein, den der Dalai Lama hier den ‚äußeren Bedingungen, Umständen oder Ereignissen' gegenüber stellt?
4. Was könnte gemeint sein mit einer ‚systematischen Schulung', durch die wir unsere Einstellungen und Ansichten ändern können?
5. Wie unterscheidet sich das Bild vom Menschen als Schmied seines Glückes und das vom Menschen, der den Schlüssel für sein Glück in der Hand hält?

*Glück, was ist das? Glück als höchstes Gut*
# Kann ein „Glücksgetränk" glücklich machen?

Markus Tiedemann geht in folgendem Textausschnitt aus der fiktiven Geschichte der Prinzessin Metaphysika der Frage nach, ob es für die Menschen gut wäre, wenn sie Zugriff auf ein Glücksgetränk hätten. Hier wägen Prinzessin Metaphysika und ihre Gesprächspartnerin ab, ob der Plan, den Menschen ein Glücksgetränk zu verabreichen, gut ist. Eine geschminkte Dame namens Gräfin Barbie wirft die Frage auf:

„… Was ist denn so schlimm daran, wenn alle glücklich sind?"
„Sie haben also kein Problem mit den Plänen meines Vaters, Gräfin Barbie?" fragte Metaphysika.
„Nun, es ist dann natürlich so, dass man von niemandem mehr wegen Schönheit und Reichtum beneidet wird, weil alle ja mit dem glücklich sind, was sie haben", antwortete die geschminkte Gräfin und fuhr fort: „Können wir denn glücklich sein, wenn wir alle gleich sind?"
„Warum denn nicht?" warf Kalle ein (…).
„Ich bin mir nicht sicher" sagte die Gräfin Barbie. „Natürlich wird man es vermissen, wenn niemand einen bewundert, aber wir brauchen dann nur einen Schluck von diesem Getränk zu nehmen und sind glücklich. Wir werden auch keine Probleme mehr mit dem Alter haben. Wir nehmen einen Schluck und fühlen uns bald jung, glücklich und schön."
„Aber fühlen wir uns dann nur glücklich, ohne es zu sein?", überlegte Metaphysika.
„Natürlich, aber was macht das schon?", lächelte die Gräfin und strich sich durchs Haar. „Wissen Sie, alles was wir im Leben wollen, ist Freude und Lust. Es geht doch nur darum, Schmerz zu vermeiden und Lust zu gewinnen. Dieses Getränk mag ja eine merkwürdige Methode sein, aber wenn es uns wirklich glücklich macht, sollte man den Trank vielleicht doch einnehmen."
„Ich befürchte nur, dass wir dann nicht mehr das sind, was wir einmal waren", wandte die Prinzessin traurig ein.

(Quelle: *Markus Tiedemann*: **Prinzessin Metaphysika. Eine fantastische Reise durch die Philosophie**, Olms-Presse, 1999, S. 44)

**Prinzessin Metaphysika**

### Aufgaben:

1. Stelle die unterschiedlichen Positionen zum Glücklichsein dar, die die Gräfin und die Prinzessin vertreten.

2. Überzeugt euch die Argumentation der Gräfin? Nehmt begründet Stellung. Recherchiert dazu die philosophischen Positionen von Epikur und Aristoteles.

3. Diskutiert, was Prinzessin Metaphysika mit dem letzen Satz meint.

4. Seht ihr einen Zusammenhang zwischen der Geschichte vom Glücksgetränk und heutigen Drogenproblemen?

*Glück, was ist das? Glück als höchstes Gut*
# Findet mich das Glück?

- Sucht mich das Glück am falschen Ort?
- Werden uns die Außerirdischen in ein Paradies verschleppen?
- Ist mein Dasein erfüllt mit Heiterkeit?
- Warum ruft sie nicht an?
- War ich ein gutes Kind?
- Darf ich nicht hinter jede Ecke ein Zeichen sehen?
- Sind dem Unmöglichen keine Grenzen gesetzt?
- War es ein Fehler, meine Wohnung zu verlassen und erwartungsvoll in die Welt hinauszuschreiten?
- Könnte man heute noch mit einer wildfremden Frau in einer Höhle wohnen?

(Quelle: *Peter Fischli/David Weiss:* **Findet mich das Glück?**, Walther König, 2012)

**Aufgaben:**

1. Suche dir eine Frage aus und verfasse einen Aufsatz dazu.

2. Entwickele selbst Fragen, wie die oben aufgeführten.

3. Bildet zwei Arbeitsgruppen, die sich in Stuhlreihen gegenübersitzen. Die einen Schüler stellen den Gegenübersitzenden die entwickelten Fragen, die anderen beantworten sie. Ein Moderator sammelt die Antworten, die den Fragenden sinnvoll erscheinen, an der Tafel.

*Glück, was ist das? Glück als höchstes Gut*
# Glück und Poesie

In vielen Gedichten wird das Glück so beschrieben, dass es eine besondere Gabe ohne bestimmten Anlass darstellt. Aber wem wird diese Gabe zuteil?

Auguste Rodin: Der Denker

**Aufgaben:**

1. Worum hast du dich schon mal richtig bemüht? War da Glück im Spiel? Und wenn ja, wie?

2. Warst du schon einmal einfach nur so glücklich? Versuche, dich an die Situation zu erinnern. Tausche dich mit deinem Nachbarn aus. Macht Notizen.

3. Entwirf selbst ein Glücksgedicht.

4. Tragt in Kleingruppen schriftlich zusammen, was die beiden Gedichte aussagen.

5. Diskutiert, worum sich „der Denker" auf dem Foto der Plastik von Rodin wohl bemüht.

## Will das Glück nach seinem Sinn

Will das Glück nach seinem Sinn
Dir was Gutes schenken,
Sage Dank und nimm es hin
Ohne viel Bedenken.
Jede Gabe sei begrüßt,
Doch vor allen Dingen:
Das worum du dich bemühst,
Möge dir gelingen.

*Wilhelm Busch (1832–1908)*

## Glück

Glück ist gar nicht mal so selten,
Glück wird überall beschert,
vieles kann als Glück uns gelten,
was das Leben uns so lehrt.
Glück ist jeder neue Morgen,
Glück ist bunte Blumenpracht,
Glück sind Tage ohne Sorgen,
Glück ist, wenn man fröhlich lacht.
Glück ist Regen, wenn es heiß ist,
Glück ist Sonne nach dem Guss,
Glück ist, wenn ein Kind ein Eis isst,
Glück ist auch ein lieber Gruß.
Glück ist Wärme, wenn es kalt ist,
Glück ist weißer Meeresstrand,
Glück ist Ruhe, die im Wald ist,
Glück ist eines Freundes Hand.
Glück ist eine stille Stunde,
Glück ist auch ein gutes Buch,
Glück ist Spaß in froher Runde,
Glück ist freundlicher Besuch.
Glück ist niemals ortsgebunden,
Glück kennt keine Jahreszeit,
Glück hat immer den gefunden,
der sich seines Lebens freut.

*Clemens Brentano (1778–1842)*

*(Informationen nach: http://gedichte.levrai.de)*

*Wie wird man glücklich?*
# Projekt Glückszeitung

## Was ist Glück?
*(Beispieltext einer Schülerin 7. Klasse)*

Glück empfindet jeder anders, denn man kann es nicht beeinflussen. Das Gegenteil von Glück ist Unglück. Glück ist etwas, was man nicht anfassen, sehen oder hören kann, doch man kann es fühlen und es ist etwas, was man nicht vorhersehen kann, ob es eintritt oder nicht. Glück kann man auch durch Glücksbringer darstellen, wie z. B. ein Kleeblatt, was nur Glück bringt, wenn es vierblättrig ist, oder ein Hufeisen, das immer mit der geöffneten Seite nach oben gerichtet werden muss, damit das Glück nicht heraus fällt.

**Eine Seite aus der Glückszeitung von Schülern einer 7. Klasse**

Glück kann man nicht kaufen und nicht suchen, es kommt einfach. Glück ist Zufall, denn man weiß nie, wann es eintritt. Glück kann in jedem Moment eintreten, aber auch lange fehlen.
Doch Glück besteht nicht nur daraus, etwas Materielles zu besitzen, ein Glücksgefühl kann auch bei vielen Menschen ausgelöst werden, weil sie geliebt werden, Freunde haben und gesund sind.
Glück beinhaltet Freude, Spaß und Zufriedenheit.
Ohne Glück und Unglück ist das Leben nicht so, wie es sein sollte.

### Aufgaben:

1. Schreibe einen Aufsatz zum Thema: „Was ist Glück?" Du kannst dich dabei an unserem Beispieltext orientieren. Bringe ihn als Datei mit in die Klasse.

2. Bildet in der Klasse ein Redaktionsteam für eine Glückszeitung.

3. Sichtet die Aufsätze gemeinsam in einer Redaktionssitzung am Smartboard und wählt gute Stellen für die „Glückszeitung" aus. Überarbeitet das Ausgewählte und sorgt für fehlerfreie Texte und peppige Headlines.

4. Sucht nach passenden Bildern und Fotos.

5. Bringt alles in ein Dokument zusammen und formatiert es einheitlich.

6. Stellt der Klasse eure Auswahl begründet vor.

7. Diskutiert weitere hinzuzunehmende Beiträge (wie z. B. Rezepte, Spiele, Interviews).

*Wie wird man glücklich?*
# Glück und Sport

In einer 6. Klasse antwortet ein Schüler sinngemäß auf die Frage: „Was hast du für ein Bild von der Liebe nach eurem Einstieg in die Projektwoche: Liebe und Freundschaft?"

> *„Bei Liebe denke ich sofort an Fußball, weil ich das am liebsten mache."*

Und auf die Nachfrage, wer alles von seiner Liebe zum Fußball betroffen ist, sagt er:

> *„Ich liebe die Spieler des HSV, vor allem die Tore, die sie schießen, und auch den Trainer, der jetzt neu dabei ist. Und mein eigenes Fußballspielen im Verein."*

### Aufgaben:

1. Überlegt in Partnerarbeit, wie die Äußerungen des Schülers in den Bereich „Glücklichsein" hineinpassen.
2. Gibt es für euch Freizeit- oder Arbeitsbereiche, die euch so gute Gefühle bereiten, dass ihr den Wunsch nach Wiederholung habt? Welche Bereiche fallen euch dazu ein?
3. Macht euch zu zweit Notizen dazu, was das Besondere am Sport ist und welche Rolle der Teamgeist hierbei spielt.
4. Gibt es eine biologische Erklärung, dass Sport glücklich macht? Recherchiert!
5. Betrachte das Foto und bewege dich nach Lust in der Klasse zu Musik. Macht dich das glücklich?

Kann Tanzen glücklich machen?

*Wie wird man glücklich?*
# Aristoteles und das Glück

Aus der Lehre des Aristoteles folgt, dass der Mensch nach der Verwirklichung seiner Bestform (*griechisch:* der „Arete") strebt. Die Arete besteht in der Verwirklichung der wesenhaften Anlagen.

Die wesentliche Anlage des Menschen, die ihn von allen anderen Stoffen, Pflanzen und Tieren existenziell unterscheidet, so argumentiert Aristoteles, ist es, ein „zoon logikon" (*griechisch:* „rationales Tier") zu sein. Dass der Mensch denken kann, ist somit das entscheidende Wesensmerkmal des Menschen.

Zur Verwirklichung der Glückseligkeit braucht es allerdings eine andauernde „Tätigkeit dieses wesentlichen Seelenteils", keinen einmaligen Akt. „Eine Schwalbe macht noch keinen Sommer" kommentiert Aristoteles in der Nikomachischen Ethik diesen Gedanken. Nach ihm ist es die anhaltende Lebensform als Denker und Forscher, die das höchste Glück verspricht. Auch der Verwirklichung der individuellen Talente kommt besondere Bedeutung zu. Aristoteles fordert zur persönlichen Höchstleistung auf. Milder ausgedrückt: Ungenutzte Talente machen unglücklich. Wer das Talent zum Tanzen hat, der soll nach Aristoteles auch tanzen. Wer singen kann, soll singen. Wer zeichnen kann, soll zeichnen usw. Wir alle aber sollen denken, reflektieren und analysieren, denn dies ist unsere besondere Begabung als Mensch, die es neben den individuellen Talenten zu kultivieren gilt. Durch Reflexion kommen wir zu Antworten auf die Frage, wie man das Glück erreichen kann. Aristoteles sieht es im rechten Maß zwischen den Extremen. Mäßigung ist für Aristoteles eine Tugend\*. Wer die Tugenden kultiviert, wird glücklicher.

Folgende Tugenden sind für ihn besonders wichtig: Weisheit, Tüchtigkeit, Maßhaltung, Gerechtigkeit, Ehrlichkeit, Freigebigkeit, vernunftgemäße und sittliche Tugenden. Glückseligkeit ist ihm zufolge das Ziel aller Tugenden.\*

Wer die im Menschen angelegten Tugenden im rechten Maß auslebt, wird glücklich. Mit dieser „Lehre der Mitte" (Mesotes-Lehre) bezeichnet er die Stellung einer Tugend zwischen zwei einander entgegengesetzten Lastern, dem „Übermaß" und dem „Mangel". Ein Beispiel ist die Tugend Tapferkeit, die als Mitte zwischen Tollkühnheit und Feigheit steht. Diese jeweilige Mitte wird als ethisches Ideal angestrebt.

### Aufgaben:

1. **Beschreibe in Anlehnung an den Text, wie man nach Aristoteles das Glück erreicht.**

2. **Überlegt in der Klasse, welchen Begriff wir heute für Tugend wählen könnten.**

3. **Überlegt zu zweit, welche Tugenden ihr der Tabelle heute hinzufügen könntet. Achtet dabei auf die Mesotes-Lehre: Mittelposition zwischen zwei Extremen.**

| Im Übermaß | Ethische Tugenden | Im Untermaß (Mangel) |
|---|---|---|
| Verschwendung | Großzügigkeit | Knauserei, Geiz |
| Hemmungslosigkeit | Scham | Schüchternheit |
| Selbstgefälligkeit | Würde | Unterwürfigkeit |
|  |  |  |
|  |  |  |
|  |  |  |
|  |  |  |

---

\* Unter Tugenden (Tüchtigkeit als glückverheißendes Lebensziel) versteht Aristoteles einerseits Kardinaltugenden wie Wahrhaftigkeit, Mut, Bescheidenheit, Gerechtigkeit, andererseits auch zweitrangige Tugenden, die mit ehrhaftem Verhalten zu tun haben. Weitere aristotelische Tugenden sind: Gelassenheit, Besonnenheit, Recht, Freundschaftlichkeit, Großartigkeit. Heute könnte man Tugenden hinzufügen wie Fairness, Achtsamkeit ...

*Wie wird man glücklich?*
# Epikur: Lustmanagement

Eine sehr bekannte Form der Glücksphilosophie haben die griechischen Philosophen Aristippos von Kyrene und Epikur (341–270 v. Chr.) mit dem sogenannten Hedonismus vertreten. Der Hedonismus nennt Lust als Prinzip gelingenden Lebens. Was Epikur von den vorhergehenden Hedonisten unterscheidet, ist, dass er einen Zustand völliger Freiheit von Schmerzen und Beunruhigung als höchste Lust ansieht und generell eine kalkulierte Lust befürwortet im Gegensatz zur Lust des bewussten Genießen nach Aristippos. Für Epikur gehört zum Glück die Vermeidung von Schmerz und positiv gewendet die Lust (siehe Zitat rechts).

Lust bedeutet hier aber nicht Vergnügen, sondern richtet sich vor allem auf die feineren Entzückungen des Geistes: Gespräche, Musikhören, das Betrachten von Kunstwerken, das Philosophieren. Wahre Lust und wahres Glück bestehen für Epikur in einem ruhigen Gleichmaß der Seele. Philosophie ist für Epikur Lebenspraxis: Man kann also nicht lustvoll leben, ohne vernünftig zu leben.

*Epikur schreibt:*

》 Wenn wir also sagen, dass die Lust das Lebensziel sei, so meinen wir nicht die Lüste der Wüstlinge und das bloße Genießen, (…) sondern wir verstehen darunter, weder Schmerz im Körper noch Beunruhigung in der Seele zu empfinden. Denn nicht Trinkgelage und ununterbrochenes Schwärmen und nicht Genuss von Knaben und Frauen und von Fischen und allem anderen, was ein reich besetzter Tisch bietet, erzeugt das lustvolle Leben, sondern die nüchterne Überlegung, die die Ursachen für alles Wählen und Meiden erforscht (…). 《

## *Zitat*

》 *Die Lust ist Ursprung und Ziel des Lebens.* 《

*Epikur (341-270 v. Chr.)*

Antikes Porträt von Epikur

### Aufgaben:

1. Gib das links stehende Zitat von Epikur schriftlich in eigenen Worten wieder.

2. Diskutiere mit deinem Nachbarn, was mit dem letzten Satz gemeint sein könnte: Stimmt ihr zu? Wenn ja, inwiefern?

3. Passen Lust und Vernunft zusammen? Sucht miteinander nach Beispielen für das, was Epikur „kalkulierte Lust" nennt.

4. Wähle drei Dinge spontan aus, die zu deiner Lebensfreude beitragen.

5. Versuche, den Grund für deine Wahl zu benennen und tausche dich mit deinem Nachbarn darüber aus.

*Wie wird man glücklich?*
# Sinnfindung nach Frankl

Viktor E. Frankl begründete die dritte Wiener Schule der Psychologie neben Freuds Psychoanalyse und Adlers Individualpsychologie. Frankl wurde mit seiner Frau und seinen jüdischen Eltern 1942 von den Nationalsozialisten nach Theresienstadt deportiert. Seine Familie starb in verschiedenen Konzentrationslagern. Er selbst kam nach Auschwitz und Dachau und überlebte. Er wurde von der US-Armee befreit. Seine schrecklichen Erinnerungen hielt er fest in dem Werk: „Ein Psychologe erlebt Auschwitz", das zu den einflussreichsten Büchern Amerikas zählt. Frankl gilt als der Erfinder der Logotherapie, einer Verbindung von Psychoanalytik und Existenzphilosophie. Der Name „Logotherapie" kommt aus dem Griechischen (logos = Sinn, Gehalt; therapeuein = pflegen). Frankl sagt dazu auch „Existenzanalyse" und nennt das „Wissen um eine Lebensaufgabe" einen „Glückshelfer". Die Liebe zum Sinn ist seinem Denken eingeschrieben; ohne die Erfahrung von Sinn ist Glück nach Frankl nicht erreichbar. Der Wille zum Sinn prägt die menschliche Existenz. Sinn zu stabilisieren oder zu finden ist die Aufgabe der Logotherapie.

Frankl sieht drei Wege, um das menschliche Leben mit wahrem Sinn zu füllen: Erfahrung, Arbeit und Liebe. In unseren Taten oder in der Liebe zu einer Person erschaffen wir Sinn und verwirklichen uns selbst.

**Textausschnitt 1:**

> Im Gegensatz zum Tier sagt dem Menschen kein Instinkt, was er muss, und im Gegensatz zum Menschen in früheren Zeiten, sagt ihm keine Tradition mehr, was er soll – und nun scheint er nicht mehr recht zu wissen, was er eigentlich *will*.

**Textausschnitt 2:**

> Je mehr der Mensch nach Glück jagt, umso mehr verjagt er es auch schon. Um dies zu verstehen, brauchen wir nur das Vorurteil zu überwinden, dass der Mensch im Grund darauf aus sei, glücklich zu sein; was er in Wirklichkeit will, ist nämlich, einen Grund dazu zu haben. Und hat er einmal einen Grund dazu, dann stellt sich das Glücksgefühl von selbst ein.

(Quelle: *Frankl, Viktor:* **Der Wille zum Sinn**, Piper, 1997, S. 24)

### Aufgaben:

1. Wie verstehst du die Aussage von Frankl in Textausschnitt 1? Beschreibe, wie Frankl das Problem des modernen Menschen darstellt.

2. Erläutere mithilfe von Textausschnitt 2, wie Frankl den Zusammenhang von Sinn und Glück sieht.

3. Findet in Partnerarbeit Beispiele, wie Menschen ihr Leben bewusst sinnvoll gestalten.

4. Recherchiert in Arbeitsgruppen vertiefend zur Biografie von Viktor Frankl. Präsentiert eure Ergebnisse anschließend vor der Klasse.

*Wie wird man glücklich?*
# Sinn und Sinnesverlust

In welchem Zusammenhang stehen Glück und Sinn? Kann man glücklich sein und sein Leben gleichzeitig als sinnlos empfinden? Was ist eigentlich der Wille zum Sinn? Diesen Fragen gehen wir hier nach.

*Für mich macht etwas dann Sinn, wenn ich es verstehe.*

*Es macht Sinn, wenn es sich richtig anfühlt.*

*Ich muss es nachvollziehen können, wenn es Sinn machen soll.*

*Für mich macht es Sinn, zu wissen, was ich will und was gut oder schlecht für mich ist, oder auch ein Ziel im Leben zu haben.*

*Wenn etwas für mich Sinn macht, bin ich zufrieden.*

*Wenn etwas für mich einen Sinn macht, dann bekomme ich eine Erkenntnis.*

*Wenn Sinn passiert, dann hat es einen Nutzen: Jemand lernt etwas oder hat Spaß. Es ist sinnvoll, also bringt es etwas.
Man kann auch glücklich und froh sein, wenn Sinn passiert, z. B. wenn man etwas in Mathe versteht.*

*Wenn ich den Sinn verliere, bekomme ich eine Krise: Alles darauf Aufgebaute bricht dann zusammen.*

*Wenn etwas für mich keinen Sinn macht, zerbreche ich mir den Kopf und die Welt verdreht sich für mich, bis ich eine Lösung habe.*

*Wenn ich einen Sinn nicht aufrecht erhalten kann, suche ich nach einem neuen Sinn.*

## Aufgaben:

1. Denke noch einmal über den „Willen zum Sinn" bei Frankl (S. 28) nach und überlege, was für dich persönlich Sinn macht.

2. Was passiert, wenn etwas für dich Sinn macht? Was geschieht, wenn du diesen Sinn verlierst?

3. Mache dir beim Überlegen Notizen. Tausche dich mit deinem Nachbarn aus und tragt anschließend eure schriftlichen Ergebnisse in der großen Gruppe zusammen.

4. Vergleicht eure Ergebnisse anschließend mit den oben aufgeführten Vorschlägen.

*Der Mensch und das Glück. Sinn und Unsinn*
# Ist dauerhaftes Glück möglich?

Laut Sigmund Freud (1856–1939), dem „Erfinder" der Psychoanalyse, hindern uns drei Dinge daran, das „Glück" darin zu finden, unsere animalischen Triebe zu befriedigen.

1. die Übermacht der Natur
2. die Hinfälligkeit unseres eigenen Körpers
3. die Unzulänglichkeit der Einrichtungen, welche die Beziehungen der Menschen zueinander in Familie, Staat und Gesellschaft regeln

**Sigmund Freud**

*Sigmund Freud schreibt:*

*Zitat*

>> Was man im strengsten Sinne Glück heißt, entspringt der eher plötzlichen Befriedigung hoch aufgestauter Bedürfnisse und ist seiner Natur nach nur als episodisches Phänomen möglich. Jede Fortdauer einer vom Lustprinzip ersehnten Situation ergibt nur ein Gefühl von lauem Behagen; wir sind so eingerichtet, dass wir nur den Kontrast intensiv genießen können, den Zustand nur sehr wenig (Goethe mahnt sogar: „Nichts ist schwerer zu ertragen als eine Reihe von schönen Tagen." Das mag immerhin eine Übertreibung sein.) Somit sind unsere Glücksmöglichkeiten schon durch unsere Konstitution* beschränkt. Weit weniger Schwierigkeiten hat es, Unglück zu erfahren. Von drei Seiten droht das Leiden, vom eigenen Körper her, der, zu Verfall und Auflösung bestimmt, sogar Schmerz und Angst als Warnungssignale nicht entbehren kann, von der Außenwelt, die mit übermächtigen, unerbittlichen, zerstörenden Kräften gegen uns wüten kann, und endlich aus den Beziehungen zu anderen Menschen. Das Leiden, das aus dieser Quelle stammt, empfinden wir vielleicht schmerzlicher als jedes andere; wir sind geneigt, es als eine gewissermaßen überflüssige Zutat anzusehen, obwohl es nicht weniger schicksalsmäßig unabwendbar sein dürfte als das Leiden anderer Herkunft. <<

(Quelle: *Freud, Sigmund:* **Das Unbehagen in der Kultur**, Fischer, 1985, S. 75)

### Aufgaben:

1. Was könnten die animalischen Triebe sein? Was könnten sie mit „Lustgewinn" zu tun haben?
2. Warum könnten die drei von Freud genannten Aspekte uns daran hindern, unserem „Lustgewinn" nachzugehen?
3. Kann das Glück von Dauer sein? Was sagt Freud, und was meinst du?

*\* Konstitution: Verfassung des Menschen*

*Der Mensch und das Glück. Sinn und Unsinn*
# Was soll der Unsinn?

*Was ist eigentlich Unsinn?*
*Was soll Unsinn?*
*Kann Unsinnmachen zum Glücklichsein beitragen?*

> Unsinn machen ist total lustig.

> Mit Unsinn kann man gut stören.

> Unsinn zerstört nur.

> Wenn über meinen Unsinn keiner lacht, bringt es auch keinen Spaß.

> Als das rauskam, hab ich mich total geschämt.

> Ich denk da gar nicht drüber nach. Das kommt dann so über mich und dann gibt's meistens Ärger.

> Wenn ich nicht mitarbeiten will, mache ich oft Unsinn.

> Unsinn ist das Gegenteil von Sinn.

> Bei Unsinn kann ja auch was Gutes bei rauskommen. Dann macht der Unsinn wieder Sinn.

> Es gibt ganz viel, das ich total unsinnig finde und das muss ich dann aber machen, weil die anderen meinen, dass das sinnvoll ist.

### Aufgaben:

1. Erinnert euch in der Klasse an Situationen, in denen ihr Unsinn gemacht habt: Was ist da passiert? Wie hat sich das angefühlt? Welche Konsequenzen hatte der Unsinn?

2. Sammelt schriftlich in der großen Gruppe Stichworte zu der Frage: Was braucht man, um ‚erfolgreich' Unsinn zu machen?

3. Diskutiert in der Klasse: In welchem Verhältnis stehen Sinn und Unsinn?

*Der Mensch und das Glück. Sinn und Unsinn*
# Kann Unsinniges glücklich machen?

## Was ist Unsinn? – Mögliche Antworten

*Es gibt verschiedene Arten von Unsinn. Es gibt zum Beispiel Unsinn, der anderen schadet, Unsinn, der lustig ist, Unsinn, der sinnlos ist und Unsinn, der zwar gut gemeint ist, aber nichts nützt.*

*Unsinn, der anderen schadet, wäre zum Beispiel, wenn man ein Haus von jemandem in Brand setzen würde. Unsinn, der lustig ist, wäre zum Beispiel, Quatsch zu machen. Unsinn ist auch, dass in vielen Ländern sehr viel verschwendet wird und es in anderen Ländern sehr viel arme Menschen gibt. So ist es auch unsinnig, sehr viel Geld für unnötige Sachen auszugeben.*

*Als kleines Kind habe ich mich manchmal ziemlich lange vor die Waschmaschine gesetzt und ihr zugeschaut, das war nicht wirklich sinnvoll, es ergibt keinen Sinn.*

Das Foto zeigt das Verhalten von Schülern einer 7. Klasse nach der Erlaubnis, ein paar Minuten im Unterricht Unsinn machen zu dürfen.

**Unsinn in der Klasse**

### Aufgaben:

1. Lies dir die obigen Ausführungen von drei Siebtklässlerinnen durch und vergleiche deren Inhalt miteinander.

2. Welche Auffassung von Unsinn kommt deiner am nächsten? Versuche, dies mit deinen Worten schriftlich auszudrücken.

3. Schaue dir das Foto an. Was kommt dir bei den Tätigkeiten unsinnig vor?

4. Hat Unsinn immer etwas den Sinn Untergrabendes an sich? Überlegt gemeinsam und sammelt Ergebnisse an der Tafel oder am Smartboard: Was ist eurer Meinung nach das Positive am Unsinn?

5. Was verbindet euch beim gemeinsamen Unsinn machen?

*Der Mensch und das Glück. Sinn und Unsinn*
# Ohrenschmaus und Glücksgefühle

In einem Experiment mit vier Gitarristen haben Forscher festgestellt, dass im gemeinsamen Zusammenspiel der Augenkontakt eine wichtige Rolle spielt, um Einsätze zu koordinieren und auch während des Spiels Gleichzeitigkeit (Synchronizität) herzustellen. Im Experiment wurden die Gehirnströme der Musiker und Musikerinnen während des Zusammenspiels gemessen und erstaunlicher Weise festgestellt, dass die Gehirnströme aller vier Gitarristen dabei, egal, welche Stimme sie spielten, synchron verliefen, sich also gleichzeitig veränderten.
Eine erstaunliche Erkenntnis, die zeigt, wie kraftvoll die gemeinsame Erfahrung in der Musik ist

*(Informationen nach: http://sciencev1.orf.at/science/news/154965)*

Gemeinsames Musizieren verbindet Menschen miteinander sehr tief.

### Aufgaben:

1. Erinnere dich an Situationen, in denen du mit anderen gemeinsam musiziert, Musik gehört oder getanzt hast: Wie hat sich das angefühlt? Wie war die Situation vorher, wie hinterher? Mache dir Notizen.

2. Tausch dich mit deinem Nachbarn aus: Gibt es weitere Situationen, in denen ihr das Gefühl hattet mit anderen gemeinsam zu „schwingen"?

3. Macht in der Klasse ein Brainstorming: Welchen Einfluss haben die Sinne auf unser Zusammenleben?

4. Entwickelt ein Szenario, in dem ein Sinn (Hör-, Seh-, Tast-, Geschmacks-, Geruchssinn oder der sog. „sechste Sinn") „Unsinn verzapft".

*Der Mensch und das Glück. Sinn und Unsinn*
# Wörtersinn und -unsinn: Das „Wortfindungsamt"

## Glückswortfindung
*(in Anlehnung an Sigrid Sandmann: „Wortfindungsamt")*

In künstlerischen Kontexten spielt der glückliche Zufall eine große Rolle sowie das Glück eine Idee zu haben, mit der man komplexe Zusammenhänge anschaulich in verdichteter Form zeigen kann. Die Künstlerin Sigrid Sandmann arbeitet beispielsweise mit Wortkunstwerken, die Menschen zu bestimmten Kontexten wie Landschaften oder Erinnerungen erfinden oder nach ihrem Passungsempfinden beisteuern.

Im Internet kann man die Werke und Ausstellungen anschauen, die zu dem sogenannten Wortfindungsamt erschienen sind. Im Fach Philosophie spielt Ästhetik, die Lehre von der Wahrnehmung, eine wichtige Rolle. Wahrnehmung kann sich auch auf die Sprache richten. Wenn wir überlegen, welche Erfahrungen und Begriffe wir mit Glück verbinden, kommen eventuell auch neue Wörter zustande.

Es kann Spaß machen, sich bei der Beschäftigung mit dem Thema Glück und Unsinn auch auf die Suche nach Wortfindungen zu begeben:

Schüler der 7c mit ihren erfundenen Wörtern

### Aufgaben:

1. Recherchiert im Computerraum oder am Smartboard alles, was ihr zum Wortfindungsamt von Sigrid Sandmann findet.

2. Entwickele in Anlehnung an das Wortfindungsamt jeweils ein Wort, das du mit Glück verbindest. Das Wort Glück kann, muss darin aber nicht vorkommen.

3. Schreibe dein Wort mit dicken Filzstiften auf bunte Pappe und schneide diese dann auf Wortgröße zurecht.

4. Sammelt die entstandenen Wörter an der Pinnwand und vergleicht, wo Überschneidungen und Ähnlichkeiten bestehen.

5. Überlegt, worin das Neue und Besondere an den Wortschöpfungen besteht.

6. Lest den folgenden Satz des Sprachphilosophen Ludwig Wittgenstein und gebt ihn in eigenen Worten wieder:

   >> *Es scheint, als könnte man sagen: Die Wortsprache lässt unsinnige Wortzusammenstellungen zu, die Sprache der Vorstellung aber nicht unsinnige Vorstellungen.* <<

   (Quelle: *Ludwig Wittgenstein:* Tractatus Logico-philosophicus, Werkausgabe, Bd. 1, Suhrkamp, 1984)

7. Könnt ihr Wittgensteins Aussage auf den Prozess eurer Wortfindungen beziehen? Wenn ja, inwiefern?

8. Schaut euch das Foto an. Welche Wörter bilden Unsinn?

*Sollte das (persönliche) Glück der höchste Wert sein?*
# Egoismus: Mein Glück zuerst!

*Wilhelm Schmid schreibt:*

**Zitat**

>> Von den Plakatwänden schreit es herab: „Glück!" Aus den Werbespots blitzt es hervor: „So werden Sie glücklich!" Prospekte versprechen: „Noch mehr Glück!" Bei Reiseveranstaltern ist es zu buchen: „Glücksgarantie!" Zeitungen titeln: „Wie Sie auf Glück umschalten", um wenig später verwundert zu fragen: „Warum sind wir nicht glücklicher?"
> Um nicht missverstanden zu werden: Es ist ein Gewinn, wenn es im menschlichen Leben um Glück gehen darf und nicht mehr nur um Lebenserhaltung und Pflichterfüllung. Aber was ist, wenn das Glück selbst zur Pflicht wird?
> Die Rede vom Glück hat eine normative Bedeutung gewonnen, malt den Menschen also eine neue Norm an die Stirn: Du musst glücklich sein, sonst lohnt sich dein Leben gar nicht. Wer unglücklich ist, beginnt sich Vorwürfe zu machen, dass ihm etwas fehlt und dass er den Anforderungen des glücklichen Lebens nicht gewachsen ist. Offenkundig hat er versagt. Alle anderen scheinen es ja zu schaffen, jedenfalls arbeiten sie hart daran, diesen Eindruck zu erwecken. Neid zerfrisst die Seele der Unglücklichen: Nie wird Anschluss an all die Glücklichen zu finden sein, die diesen Planeten bevölkern, sofern den weltweiten Glücksforschungen Glauben geschenkt werden darf. <<

(Quelle: *Wilhelm Schmid:* **Unglücklichsein**, Insel, 2012, S. 7–8)

Aufgaben:

1. Lies den Text von Wilhelm Schmid aufmerksam durch.

2. Überlege, ob es deiner Meinung nach zutrifft, wie Schmid das Glück beschreibt. Kommt man als egoistischer Mensch eher zu Glück?

3. Diskutiert in Partnerarbeit, ob einer von euch schon einmal ähnliche Erfahrungen gemacht hat, wie sie im Text beschrieben werden.

4. Tragt in der Klasse die Ergebnisse zusammen.

5. Findet in der Klasse aktuelle Songs, in denen es um Glück geht. Schaut Euch z. B. auf Youtube Videos zum Song „Happy" an.

*Sollte das (persönliche) Glück der höchste Wert sein?*

# Das Glück der Anderen. Der Nutzenansatz

## Zitat

» *Die Moral ist nichts als die Regulierung des Egoismus.* «

*Jeremy Bentham (1748-1832)*

Der Utilitarismus hat sich in der Moralphilosophie einen festen Platz erobert. Der Begriff kommt aus dem Lateinischen: utilis bedeutet nützlich. Jeremy Bentham, als einer der Vertreter dieser moralphilosophischen Position, sieht das Prinzip des größten Glücks im Glück für die größte Zahl. In „Principles of Morals and Legislation" (1789) begreift er Leid und Freude als feste Bestandteile der menschlichen Natur, die bei der Bestimmung des Glücks eine entscheidende Rolle spielen.
Er formuliert in dieser Arbeit das Prinzip der Nützlichkeit und diskutiert die Prinzipien, die mit dem Utilitarismus konkurrieren.
Bentham skizziert ein Nutzenkalkül, das es erlauben soll, alle erdenklichen Empfindungen von Freude und Leid wie beispielsweise Dauer, Intensität und Wahrscheinlichkeit gegeneinander aufzurechnen und eine Gesamtbilanz des menschlichen Glücks aufzustellen.

Man kann das Prinzip der Nützlichkeit so formulieren:

» *Handle so, dass du auf lange Sicht den größtmöglichen Nutzen für die größtmögliche Anzahl von Betroffenen erreichst.* «

Jeremy Bentham (1748–1832), englischer Jurist, Philosoph, Sozialreformer

### Aufgaben:

1. **Stelle mit deinem Partner zusammen Überlegungen an, welche Beispiele man für Benthams Glücksposition finden kann.**

2. **Beschreibe mit eigenen Worten, wie du das Prinzip des größten Glücks für die größte Zahl verstehst.**

3. **Was unterscheidet Utilitarismus von Egoismus? Schreibe Stichpunkte dazu auf.**

4. **Findet in Arbeitsgruppen Beispiele, in denen gute gegenüber schlechten Folgen abgewogen werden müssen.**

5. **Beurteile, ob eine Gesamtbilanz des menschlichen Glücks plausibel erscheint.**

*Sollte das (persönliche) Glück der höchste Wert sein?*
# Auf die Ohren: Rücksichtsloser Rap

## Halt Stopp

Lass den Vogel raus
Und die Sau zu Haus
Auch du Klaus
Gib dem Chef ne Faust

Der ist so borniert
Der hat nichts kapiert
Das läuft da wie geschmiert
Jetzt wird das alles mal storniert

Halt Stopp
Halt Stopp
Halt Stopp
Nicht ganz dicht
Jetzt ist Schicht
Du Bösewicht

Mach mal Unsinn Alter
Ein Schlag ins Gesicht für den Verwalter
Finde den Lichtschalter
Das hier ist dein Zeitalter

(Text: *Frederic Lake, Sven Obenhaupt, Lukas Ostrowski, Eric Nitschke, Bennet Struck, Felix Vollstädt*)

Rappen macht Spaß!

Modeselektor

### Aufgaben:

1. Den Rap oben haben Schüler der 10. Klasse im Philosophieunterricht getextet. Überlege und mache dir Notizen dazu:
Was könnte er mit Freude zu tun haben, was mit Freiheit? Was kommt dir daran „sinnig" oder „stimmig" vor und was nicht?

2. Vergleicht Schmids Sicht mit derjenigen der Musiker Sebastian Szary und Gernot Bronsert von der Band Modeselektor (siehe Text rechts).

3. Stelle Vermutungen an, ob es für die beiden Musiker von Modeselektor einen Zusammenhang zwischen Sinn und Glück gibt.

》 *Glück ist etwas, das man durch einen inneren Zustand erzeugt, wenn man ohne Erwartungen durch die Welt geht, aber trotzdem mit einem Ziel. (...)*
*Wir kennen DJs und Musiker, die da eine Million nach der anderen verdienen. Aber Glück kann man nun mal nicht kaufen.* 《

Sebastian Szary, Gernot Bronsert
(Quelle: **Wir haben einen Traum**, ZEIT-Magazin 21.7.2013)

*Sollte das (persönliche) Glück der höchste Wert sein?*
# Schau mir in die Augen!

Für viele Menschen ist das persönliche Glück angesiedelt in einer ausgewogenen Form, einem harmonischen Verhältnis von Leib und Seele. Diese Harmonie zwischen der körperlichen und psychischen Befindlichkeit kann auch mit ästhetischen Erfahrungen erreicht werden. Erforderlich ist dazu eine bestimmte ästhetische Einstellung, die wir gegenüber dem Erfahrungsprozess einnehmen.

Verdeutlichen kann man dies an einer Performance, die Furore gemacht hat.

In der Performance „The artist is present", der Künstlerin Marina Abramovic, die 2010 über 700 000 Menschen in das Museum of Modern Art (Moma) in New York gelockt hat, ist Blickkontakt die Hauptsache. Über eine Zeitspanne von drei Monaten saß die Künstlerin acht Stunden pro Tag auf einem Stuhl und die Besucher der Ausstellung konnten sich ihr gegenüber setzen, um dort so lange, wie sie wollten zu verharren. Dabei durfte nicht gesprochen werden, nicht wild gestikuliert, keine Grimassen geschnitten werden etc. (Form der Konzentration).

Manche Menschen fingen an zu weinen, viele fassten sich an die Brust, aber am erstaunlichsten ist vielleicht die schiere Masse von Menschen, die die Möglichkeit nutzen wollten, der Künstlerin in die Augen zu schauen. Ein Riesenerfolg für eine Sparte der Kunst, die bislang nur selten die Massen erreicht hat. Inzwischen erforscht Abramovic mit russischen und amerikanischen Wissenschaftlern, ebenfalls unter Einbezug der Hirnstrommessung, was in den Menschen vorgeht, wenn sie sich in die Augen schauen.

Diese Performance stellt einen Rahmen für sehr verschiedene Reflexionsformen dar, weniger begriffliche, sondern vor allem konkret sinnliche.

(Quelle: *Marina Abramovic mit Performanceteilnehmer, www.realeyz.tv/de/marina-abramovic-the-artist-is-present.html?gclid=CL2ooLKsqLwCFUZZ3godrnEAbg*)

**Florentine und Marit in einer Anschauphase**

**Maya beim Anschauen**

## Aufgaben:

1. Setzt euch einander gegenüber und schaut euch drei Minuten lang in die Augen, ohne zu reden. Es muss Stille herrschen. Versucht euch zu merken, was ihr seht und was euch beim Ansehen und Angesehenwerden durch den Kopf geht.

2. Tauscht euch nach der Anschauphase miteinander aus: Was habt ihr beim Anschauen und Angeschautwerden erlebt? Wie habt ihr euch gefühlt? Was habt ihr über euer Gegenüber erfahren? Macht das Einlassen auf unsere Wahrnehmung glücklich?

3. Plant eine Projektwoche mit dem Titel „Von Sinnen". Überlegt, wie jeder Tag von Montag bis Freitag spannend auf die Sinne abgestellt verlaufen könnte (von Geruchsexperimenten über Begegnungen in dunklen Räumen bis hin zu Hör- und Tasterlebnissen). Wie könnte man hier den „sechsten Sinn" einbringen?

# Medientipps

## Literaturempfehlungen

*Aristoteles:*
**Nikomachische Ethik.**
(Übers.: Eugen Rolfes)
Felix Meiner, 1984.
ISBN 978-3-7873-0655-2
www.textlog.de/33420.html

*Brokemper, Peter:*
**Glück. Ein Projektbuch.**
**Hintergründe. Perspektiven. Denkanstöße.**
Verlag an der Ruhr, 2009.
ISBN 978-3-8346-0510-8

*Brüning, Barbara:*
**Fragen an die Welt.**
Arbeitsheft 5/6. Landesausgabe Sachsen
Militzke, 2011.
ISBN 978-3-86189-311-0

*Dath, Dietmar/Karich, Swantje:*
**Licht-Mächte.**
**Kino-Museum-Galerie-Öffentlichkeit.**
Diaphanes-Verlag, 2013.
ISBN 978-3-03734-235-0

*Dalai Lama/Howard C. Cutler:*
**Glücksregeln für den Alltag.**
Herder Spektrum, 2004.
ISBN 978-3-45106-247-6

*Fischli, Peter/Weiss, David:*
**Findet mich das Glück?**
Verlag der Buchhandlung Walther König, 2012.
ISBN 978-3-883756-301

*Frankena, William K.:*
**Analytische Ethik.**
**Eine Einführung.**
dtv, 1974.
ISBN 978-3-04640-6

*Frankl, Viktor E.:*
**Was nicht in meinen Büchern steht.**
**Lebenserinnerungen.**
Beltz, 2011.
ISBN 978-3-407-22757-7

*Frankl, Viktor E.:*
**Der Wille zum Sinn.**
**Ausgewählte Vorträge über Logotherapie.**
Piper, 1997.
ISBN 978-3-492-211238-3

*Martens, Ekkehard:*
**Methodik des Ethik- und Philosophieunterrichts.**
**Philosophieren als elementare Kulturtechnik.**
Siebert, 2003.
ISBN 978-3-93733-300-1

*Schmid, Wilhelm:*
**Unglücklich sein.**
**Eine Ermutigung.**
Insel, 2012.
ISBN 978-3-4581-7559-9

*Schneider, Karla:*
**Glückskind**
Hanser-Verlag, 2003.
ISBN 978-3-446-20334-1

*Tiedemann, Markus:*
**Prinzessin Metaphysika.**
**Eine fantastische Reise durch die Philosophie.**
Olms-Presse, 1999.
ISBN 978-3-487-08412-0

*Tiedemann, Markus:*
**Philosophiedidaktik und empirische Bildungsforschung: Möglichkeiten und Grenzen.**
Lit-Verlag, 2011.
ISBN 978-3-643-11215-6

# Medientipps

*Tiedemann, Markus:*
**„Mal mir was!"**
**Ein Zwischenruf.**
In: Zeitschrift für Didaktik und Philosophie der Ethik, Heft „Philosophieren im 5./6. Schuljahr", 1/2011, S. 78–80.

*Weischedel, Wilhelm:*
**Die philosophische Hintertreppe.**
dtv, 2012.
ISBN 978-3-423-30020-9

*Wittgenstein, Ludwig:*
**Tractatus logico-philosophicus.**
Werkausgabe, Bd. 1. Suhrkamp, 1984
In: Zeitschrift für Didaktik und Philosophie der Ethik, Heft „Glück", 4/2006.
ISBN 978-3-518-28101-1

## Filme

**Lola rennt** (1999) und **True** (2007):
Regie Tom Tykwer
**The artist is present** (2012):
Regie Matthew Akers
**Der Mann, der über Autos sprang** (2010):
Regie Nick Baker-Monteys

## Internetadressen

**Glücksgedichte:**
www.gedichte.levrai.de

**ARD-Themenwoche Glück:**
www.rbb-online.de/schulstunde-glueck/galerie/galerie-des-geschenkten-gluecks.html

**Marina Abramovic:**
http://marinafilm.com,
www.theartistispresent-derfilm.de,
www.zeit.de/2010/11/Interview-Abramovic,
www.marinaabramovicinstitute.org,
www.youtube.com/watch?v=gyq-0uPBTMI

**Sandmann, Sigrid:**
http://wortfindungsamt.de/index.php?ort=iserbrook

PD Dr. Eva Fritsch studierte höheres Lehramt mit dem Schwerpunkt Philosophie und Medien in Hamburg und Wien. Sie promovierte in Hamburg über Walter Benjamins Ästhetik und habilitierte später über Fernsehserien und deren Kinderstars. Sie veröffentlichte außerdem Bücher und Filme über Erziehungswissenschaften sowie Film und Medien.

Claudia Lemke studierte Psychologie, Anthropologie und Dramaturgie in Wellington und Auckland (Neuseeland) sowie Erziehungswissenschaften und Soziologie in Hamburg. Dort promovierte sie 2011 über einen Versuch pädagogische Anthropologie, forschungspraktisch und theoretisch an Bruno Latour orientiert, zeitgenössisch zu wenden. Sie arbeitet als Lehrerin an einer Versuchsschule in Hamburg. Ihr Interesse ist es, zu einem Neuentwurf humanistischer Bildung in Theorie und Praxis beizutragen.